J'ai vu passer dans mon rêve

LES ANTHOLOGIES PRÉSENTÉES PAR SÉBASTIEN LAPAQUE

Les Sept Péchés capitaux :

Orgueil, Librio n° 414
Envie, Librio n° 415
Avarice, Librio n° 416
Paresse, Librio n° 417
Colère, Librio n° 418
Luxure, Librio n° 419
Gourmandise, Librio n° 420

Madame de Sévigné, « Ma chère bonne... »,
Lettres choisies, Librio n° 401

Éloge de l'ivresse d'Anacréon à Guy Debord
(avec Jérôme Leroy), Librio n° 395

Rabelais, Librio n° 483

Malheur aux riches !, Librio n° 504

J'ai vu passer dans mon rêve

Anthologie de la poésie française
présentée par Sébastien Lapaque

Librio

Inédit

J'ai vu passer dans mon rêve
– Tel l'ouragan sur la grève, –
D'une main tenant un glaive
Et de l'autre un sablier,
Ce cavalier

Paul VERLAINE, *Poèmes saturniens*

« Poésie : expression de la beauté par l'intermédiaire de mots combinés avec art. » À cette définition, que proposait Borges en la jugeant plutôt faible, la présente anthologie apporte une illustration spontanée et joyeuse, un supplément d'âme et de rêve. Puisque la poésie est parole, elle inclut des vers premiers, des poètes récités par cœur depuis l'enfance. Ainsi Du Bellay, La Fontaine, Apollinaire. Puisqu'elle est quête d'une autre modalité de l'être et du dire, elle retient les artisans du verbe qui ont poussé le plus loin les pouvoirs du langage. Ainsi Scève, Racine, Baudelaire. Puisqu'elle est passion, joie, flânerie, on y trouve des auteurs moins connus. Ainsi Jean-Baptiste Chassignet, Antoinette Deshoulières, Jean-Marc Bernard. Et puisque toute poésie est épique, on y croise quelques grandes figures, Antigone chantée par Robert Garnier, Médée par Pierre Corneille, Charlemagne par Victor Hugo. De la fin du Moyen Âge au début du XXe siècle, de Christine de Pisan à Tristan Derème, cinquante poètes et cinquante poèmes pour renouer avec la beauté.

Pour Pauline Lapaque

La Vie en vers

Qu'est-ce que la poésie ? La question court d'âge en âge, redoutable et sacrée. Une vie entière ne suffit pas à y répondre. Un enfant sent immédiatement ce qui sépare dix lignes du journal du matin et un sonnet de Ronsard, mais les mots autant qu'au vieillard lui manquent pour le dire. À moins qu'il n'évoque le mètre et la rime, manière première d'aimer et de comprendre la poésie – comme cette fillette qui spontanément sait faire rimer « monsieur » avec « flatteur » dans *Le corbeau et le renard*.

Son père, qui connaît des strophes sans mètres, des vers sans rimes et des poèmes en prose, est plus embarrassé qu'elle. Depuis longtemps il a dissipé l'illusion qui lui faisait définir la poésie par son objet (l'amour, les saisons, les fleurs dans les champs) ou par son sujet (le poète, quoi qu'en pense Flaubert, n'est pas celui qui aime davantage parler de lui que le romancier). Il sait la poésie qu'il y a dans un sonnet de Louise Labé, dans trois mots de Verlaine, dans une contrerime de Toulet, mais il ne sait pas le dire. Pour lui, la poésie s'apparente au temps tel que le définit saint Augustin au livre XI des *Confessions* : *si nemo a me quaerat scio ; si quarerenti explicare velim, nescio,* « Si personne ne me le demande, je le sais bien, mais si on me le demande, et que j'entreprenne de l'expliquer, je trouve que je l'ignore. »

Aussi renonce-t-il à définir la poésie autrement que par le biais de l'allusion et du reflet. Oubliée l'aspiration à une maîtrise rationnelle de la parole poétique, naît la possibilité d'un mode immédiat de connaissance – celui auquel nous donnent accès les poèmes récités par cœur. Par là, le père de la fillette, intimidé par tant d'énigmes, fait retour à la simplicité de son enfant. Il découvre ce qu'il savait depuis toujours sans y prendre garde. Le mystère était avec lui, dans ces vers qui l'accompagnent depuis l'enfance.

Du Bellay : « Il fait bon voir, Magny, ces couillons magnifiques » ; La Fontaine : « Un lièvre en son gîte songeait » ; Heredia : « Comme un vol de gerfauts hors du charnier natal ».

Voilà pourquoi un florilège poétique rassemblant raretés, *curiosas* et trouvailles exprimant le goût de l'anthologiste, ne perd rien à reproduire ces pièces premières, ces vers d'enfance au commencement de l'enchantement. C'est par eux que tout lecteur accède initialement au mystère de la poésie, et toute une vie de lecture ne nous permet pas d'aller beaucoup plus loin.

Revenu au pur plaisir de la fillette, qui néglige le sens des mots pour s'en tenir à leur pouvoir – « Le mélancolique animal, / En rêvant à cette matière, / Entend un léger bruit : / Ce lui fut un signal » – ajoutant aux vers appris jadis des vers aimés naguère – Mme Deshoulières : « Soyons toujours inexorables », Levet : « Ni les attraits des plus aimables Argentines », Toulet : « Ah Curnonsky, plus que l'aube » –, son père redécouvre ce qu'est la poésie. Il comprend que lui chercher une définition est aussi vain que de lui attribuer une fonction. Parole sans servitude, la poésie est pure réminiscence (ou pur pressentiment) d'une autre modalité de l'être et du dire. Un poème serait vain qui n'aurait pas l'ambition d'être un intermédiaire menant du visible à l'invisible, du connu à l'inconnu, du langage au silence.

Tout vrai poème est *conducteur*. De là sa connivence avec l'amour selon l'antique leçon de Diotime. Et sa proximité avec les rêves. En hexamètres ou en vers libres, en rythmes pairs ou impairs, les mots du poète accompagnent les voyages de l'âme songeuse. Avec elle, ils avancent dans des images, des souvenirs, en quête d'une langue première. « Le sommeil est plein de miracles ! » s'écrie Baudelaire. Et la veille lui appartient. Dans les jardins de l'être où elle chemine, l'âme du poète s'ouvre les portes de la connaissance. « Je sais, j'ai vu, j'ai rêvé » : trois propositions identiques pour le Rimbaud du *Bateau ivre*.

Rêveur désaltéré à la source d'un savoir premier, le poète seul voit « ce que l'homme a cru voir ». Rimbaud le clame dans sa lettre de mai 1871 : « Je veux être poète, et je travaille à me rendre *voyant* : vous ne comprendrez pas du tout, et je ne saurais presque vous expliquer. Il s'agit d'arriver à l'inconnu par le dérèglement de *tous les sens*. Les souffrances sont énormes ; mais il faut être fort, être né poète, et je me suis reconnu poète. Ce n'est pas du tout ma faute. C'est faux de dire : Je pense ; on devrait dire : On me pense. – Pardon du jeu de mots. – Je est un autre. »

Dans ce manifeste, les modernes ont voulu voir une rupture fondamentale, l'acte de naissance d'une poésie aux mots libérés de leurs entraves avec le monde. Quatre vers de Scève suffisent à prouver qu'il n'a pas fallu attendre Rimbaud pour que les bateaux fussent ivres : « Comme corps mort vaguant en haute mer, / Ébat des vents, passetemps des ondes, / J'errais flottant parmi ce gouffre amer, / Où mes soucis enflent en vagues profondes. » C'était au XVIe siècle, et déjà la poésie n'avait pas d'autre objet qu'elle-même. Elle n'était pas plus définissable qu'aujourd'hui.

De cette impossibilité de borner la parole poétique naît la tentation d'historiciser son destin. On segmente les périodes et on saupoudre les vers de dates. On rappelle qu'il y a eu des romantiques et des parnassiens, des symbolistes et des fantaisistes, une *Défense et illustration de la langue française*, un *Manifeste surréaliste* et toutes sortes d'arts poétiques. Et alors ?

Que Catherine Pozzi soit née quatre siècles après Louise Labé ne nous dit rien sur leur usage des pouvoirs du langage. Une présentation chronologique, à laquelle il serait vain de renoncer, met sans doute en valeur une direction et un sens, de Villon à Racine et de Corneille à Apollinaire. Elle fait apparaître la richesse de certaines périodes et la pauvreté d'autres. Selon certains insolents, il ne se serait rien passé entre Racine et Hugo.

Cette direction et ce sens, cette pauvreté et cette richesse, ne vont cependant jamais sans *corsi* et *ricorsi*, sans tours et détours que manifestaient le brusque surgissement de formes oubliées, le retour calme et secret d'un passé qu'on croyait dépassé.

Contre un classicisme qu'il charge de tous les maux, le Victor Hugo des *Chansons des rues et des bois* prend le parti de Rutebeuf, Villon et Ronsard avec une poésie fraîche et enfantine : « J'irai, loin des murs de marbre, / Tant que je pourrai marcher, / Fraterniser avec l'arbre, / La fauvette, le rocher. » À l'âge des aéroplanes et à la veille des premiers carnages industriels, Péguy chante Jeanne d'Arc avec des accents empruntés à un mystère du Moyen Âge : « Il me faut des soldats qui sauveraient leur âme / En délaissant le corps aux blessures du fer, / Qui mourraient sans aller dans l'éternelle flamme, / N'enverraient personne dans l'éternel enfer. » Au temps de la Résistance, Aragon renoue avec une veine lyrique et héroïque en glorifiant la France comme un troubadour : « Celui qui croyait au ciel / Celui qui n'y croyait pas / Tous deux adoraient la belle / Prisonnière des soldats. »

L'amateur délicat de poésie pure, le lettré raffiné des années 1920, aurait sans doute été surpris si on lui avait annoncé que de tels vers sortiraient encore du tourbillon de l'Histoire.

Tours et détours : si la poésie n'est pas définissable, elle est situable dans une continuelle tension dialectique. Ce n'est pas un hasard si l'oxymore est la figure préférée des poètes. La beauté naît de l'opposition des contraires et de leur coïncidence finale, quand l'un devient l'autre : le langage et le silence, le sommeil et l'éveil, le souvenir et l'oubli, le rire et les larmes, la présence et l'absence, l'ombre et la lumière. Entre ces couples passe et se passe quelque chose. Enfances, amours, héros, soleils, histoires, dieux, colères, amitiés. Une anthologie a la prétention d'en retenir le meilleur. Le hasard et le risque du monde. La vie même.

Sébastien LAPAQUE

Christine de Pisan (1363-1430)

Ballade

Seulette suis, et seulette veuille être,
Seulette m'a mon doux ami laissée,
Seulette suis, sans compagnon ni maître,
Seulette suis, dolente et courroucée,
Seulette suis, en langueur mésaisée,
Seulette suis, plus que nulle égarée,
Seulette suis, sans ami demeurée.

Seulette suis, à huis ou à fenêtre,
Seulette suis, en un anglet mussée,
Seulette suis, pour moi de pleurs repaître,
Seulette suis, dolente ou apaisée,
Seulette suis, rien n'est qui tant messied,
Seulette suis, en ma chambre enserrée,
Seulette suis, sans ami demeurée.

Princes, or est ma douleur commencée ;
Seulette suis, de tout deuil menacée,
Seulette suis, plus tainte que morée,
Seulette suis, sans ami demeurée.

Sans date

François Villon (1431-1463)

Ballade des pendus

Frères humains, qui après nous vivez,
N'ayez les cœurs contre nous endurcis,
Car si pitié de nous pauvres avez,
Dieu en aura plutôt de vous mercis.
Vous nous voyez ci attachés cinq, six :
Quant de la chair, que trop avons nourrie,
Elle est piéçà dévorée et pourrie ;
Et nous, les os, devenons cendre et poudre.
De notre mal personne ne s'en rie ;
Mais priez Dieu que tous nous veuille absoudre :

Si nous clamons frères, pas n'en devez
Avoir dédain, quoique fûmes occis
Par justice ; toutefois vous savez
Que tous hommes n'ont pas bon sens rassis ;
Excusez-nous, puisque sommes transis,
Envers le Fils de la Vierge Marie ;
Que sa grâce ne soit pour nous tarie,
Nous préservant de l'infernale foudre.
Nous sommes morts, âme ne nous harie ;
Mais priez Dieu que tous nous veuille absoudre !

La pluie nous a bués et lavés,
Et le soleil desséchés et noircis ;
Pies, corbeaux, nous ont les yeux cavés,
Et arraché la barbe et les sourcils.
Jamais nul temps nous ne sommes rassis ;

Puis çà, puis là, comme le vent varie,
À son plaisir sans cesser nous charie,
Plus becquetés d'oiseaux que dés à coudre.
Ne soyez donc de notre confrérie,
Mais priez Dieu que tous nous veuille absoudre !

Prince Jésus, qui sur tous a maîtrie,
Garde qu'Enfer n'ait de nous seigneurie ;
À lui n'ayons que faire ni que soudre.
Hommes, ici n'a point de moquerie ;
Mais priez Dieu que tous nous veuille absoudre !

1489

Marguerite d'Angoulême (1492-1549)

Épître

Si Dieu m'a pour chef Christ donné,
Faut-il que je suive autre maître ?
S'il m'a le pain vif ordonné,
Faut-il du pain de mort repaître ?
S'il me veut sauver par sa dextre,
Faut-il en mon bras me fier ?
S'il est mon salut et mon être,
Point n'en faut d'autre édifier.

S'il est mon sûr et seul espoir,
Faut-il avoir autre espérance ?
S'il est ma force et mon pouvoir,
Faut-il prendre ailleurs assurance ?
Et s'il est ma persévérance,
Faut-il louer ma fermeté
Et pour une belle apparence,
Faut-il laisser la sûreté ?

Si ma vie est en Jésus-Christ,
La faut-il croire en cette cendre ?
S'il m'a donné son saint écrit,
Faut-il d'autre doctrine prendre ?
Si tel maître me daigne apprendre,
Faut-il à autre école aller ?
S'il me fait son vouloir entendre,
Faut-il par crainte le celer ?

Si Dieu me nomme son enfant,
Faut-il craindre à l'appeler Père ?
Si le monde me le défend,
Faut-il qu'à son mal je tempère ?
Si son esprit en moi opère,
Faut-il son ouvrage estimer ?
Non, mais Dieu, qui partout impère,
Faut en tout voir, craindre et aimer.

1547

Maurice Scève (1501-v. 1560)

Délie

CXLIV

En toi je vis ou que tu sois absente,
en moi je meurs, ou que soye présent.
Tant loin sois tu, toujours tu es présente,
pour près que soie, encore suis-je absent.
Et si nature outragée se sent
de me voir vivre en toi trop plus qu'en moi,
le haut pouvoir qui, ouvrant sans émoi,
infuse l'âme en ce mien corps passible,
la prévoyant sans son essence en soi,
en toi l'étend comme en son plus possible.

1544

Pernette du Guillet (1520-1545)

Rymes

Chanson II

Quand vous voyez, que l'étincelle
Du chaste Amour sous mon aisselle
Vient tous les jours à s'allumer,
Ne me devez-vous bien aimer ?
    Quand vous me voyez toujours celle,
Qui pour vous souffre, et son mal cèle,
Me laissant par lui consumer,
Ne me devez-vous bien aimer ?
    Quand vous voyez, que pour moins belle
Je ne prends contre vous querelle,
Mais pour mien vous veux réclamer,
Ne me devez-vous bien aimer ?
    Quand pour quelque autre amour nouvelle
Jamais ne vous serai cruelle,
Sans aucune plainte former,
Ne me devrez-vous bien aimer ?
    Quand vous verrez que sans cautelle
Toujours vous serai été telle
Que le temps pourra affermer,
Ne me devrez-vous bien aimer ?

1545

Pierre de Ronsard (1524-1585)

Le Premier Livre des Amours

XXXIX

Contre mon gré l'attrait de tes beaux yeux
Force mon âme, et quand je te veux dire
Qu'elle est ma mort, tu ne t'en fais que rire,
Et de mon mal tu as le cœur joyeux.

Puis qu'en t'aimant je ne puis avoir mieux,
Permets au moins, qu'en mourant je souspire.
De trop d'orgueil ton bel œil me martyre,
Sans te mocquer de mon mal soucieux.

Mocquer mon mal, rire de ma douleur,
Par un desdain redoubler mon malheur,
Haïr qui t'aime et vivre de ses pleintes,

Rompre ta foy, manquer de ton devoir,
Cela, cruelle, hé n'est-ce pas avoir
Les mains de sang et d'homicide teintes ?

1552

Joachim du Bellay (1522-1560)

Les Regrets

133

Il fait bon voir, Magny, ces couillons magnifiques,
Leur superbe arsenal, leurs vaisseaux, leur abord,
Leur Saint-Marc, leur Palais, leur Realte, leur port,
Leurs changes, leurs profits, leur banque et leurs trafiques :

Il fait bon voir le bec de leurs chapprons antiques,
Leurs robes à grand manche et leurs bonnets sans bord,
Leur parler tout grossier, leur gravité, leur port,
Et leurs sages avis aux affaires publiques.

Il fait bon voir de tout leur sénat ballotter,
Il fait bon voir partout leurs gondoles flotter,
Leurs femmes, leurs festins, leur vivre solitaire :

Mais ce que l'on en doit le meilleur estimer,
C'est quand ces vieux cocus vont épouser la mer,
Dont ils sont les maris et le Turc l'adultère.

1557

Louise Labé (1526-1566)

Sonnets

VIII

Je vis, je meurs ; je me brûle et me noie ;
J'ai chaud extrême en endurant froidure ;
La vie m'est et trop molle et trop dure ;
J'ai grands ennuis entremêlés de joie.

Tout à un coup je ris et je larmoie,
Et en plaisir maint grief tourment j'endure ;
Mon bien s'en va, et à jamais il dure ;
Tout en un coup je sèche et je verdoie.

Ainsi Amour inconstamment me mène ;
Et quand je pense avoir plus de douleur,
Sans y penser je me trouve hors de peine.

Puis quand je crois ma joie être certaine
Et être au haut de mon désiré heur,
Il me remet en mon premier malheur.

1556

Robert Garnier (1544-1590)

Antigone ou la Pitié

Acte IV, scène III

UN DES GARDES

[...]
Nous étions à l'écart derrière ces collines,
Pour que l'odeur des corps ne vînt à nos narines,
Dessous l'abri du vent, regardant soucieux
Qu'aucun ne vînt ravir ce corps tant odieux,
Quand nous apercevons cette fille éplorée
Portant en une main une pelle ferrée,
Un riche vase en l'autre, approcher du corps mort,
Et sur lui se jetant avec grand déconfort
Faire mille regrets et mille tristes plaintes
Qui les tigres des bois eussent au deuil contraintes.
Sa lamentable voix résonnait tout ainsi
Que celle d'un oiseau de tristesse transi,
Qui dans son nid portant l'ordinaire becquée
Ne trouve plus dedans sa petite nichée.
Quand elle eut quelque temps ses désastres pleuré
Et les plaies du mort de baisers honoré,
Fit ses effusions, propitiant les mânes,
Et les noms invoquant des vierges stygianes,
Puis le vase laissant, la pelle prit en main
Et du sable plus sec lui recouvrit le sein.
Adonc nous accourons sans davantage attendre,
Afin de la pouvoir en ce délit surprendre

Et la mettre en vos mains. Mais sans s'épouvanter
Elle se vint à nous franchement présenter,
Confessant librement le sépulcral office
Qu'elle désirait faire au corps de Polynice.
Elle m'en fait pitié : mais le devoir m'enjoint
De vous conter le fait et ne le taire point.

CRÉON

Est-il vrai ? Avez-vous cette faute commise ?
Y avez-vous été par ces Gardes surprise ?
Levez les yeux de terre et ne déguisez rien.

ANTIGONE

Il est vrai, je l'ai fait.

CRÉON

Ne saviez-vous pas bien
Qu'il était défendu par publique ordonnance ?

ANTIGONE

Oui, je le savais bien, j'en avais connaissance.

CRÉON

Et qui vous a donc fait enfreindre cette loi ?

ANTIGONE

L'ordonnance de Dieu, qui est notre grand roi.

CRÉON

Dieu ne commande pas qu'aux lois on n'obéisse.

ANTIGONE

Si fait, quand elles sont si pleines d'injustice.
Nulles lois de tyrans ne doivent avoir lieu,
Que l'on voit répugner aux préceptes de Dieu.
Or le Dieu des enfers qui aux Ombres commande

Et celui qui préside à la céleste bande
Recommandent sur tout l'humaine piété ;
Et vous ne commandez que l'inhumanité.
Non, non, je ne fais pas de vos lois tant d'estime
Que pour les observer j'aille commettre un crime
Et viole des dieux les préceptes sacrés
Qui naturellement sont en nos cœurs ancrés.
Ils durent éternels en l'essence des hommes.
Voués à les garder dès le berceau nous sommes.
Ai-je dû les corrompre ? Ai-je dû, ai-je dû
Pour votre autorité les estimer si peu ?
Vous me ferez mourir, j'en étais bien certaine,
Mais la crainte de mort en mon endroit est vaine.
Je ne souhaite qu'elle en mon extrême deuil.
Quiconque a grands ennuis désire le cercueil.
Quoi ? eussé-je, Créon, violentant nature,
Souffert mon propre frère être des loups pâture,
Faute de l'inhumer, comme il est ordonné ?
Mon frère, mon germain, de même ventre né ?
J'eusse offensé les dieux aux morts propitiables,
Et les eusse vers moi rendus impitoyables.
Vous ne pouvez au plus que me faire tuer.
[...]

1580

Agrippa d'Aubigné (1552-1630)

Les Tragiques

Jugement

[...] Resjouïssez-vous donc, ô vous ames celestes ;
Car vous vous referez de vos piteuses restes ;
Resjouïssez-vous donc, corps gueris du mespris,
Heureux, vous reprendrez vos plus heureux esprits.
Vous voulustes, esprits, et le ciel et l'air fendre
Pour aux corps preparés du haut du ciel descendre,
Vous les cerchastes lors ; ore ils vous cercheront,
Ces corps par vous aimez encor vous aimeront.
Vous vous fistes mortels pour vos pauvres femelles,
Elles s'en vont pour vous et par vous immortelles.
Mais quoy ! c'est trop chanté, il faut tourner les yeux
Esblouis de rayons dans le chemin des cieux.
C'est fait, Dieu vient regner ; de toute prophetie
Se void la periode à ce poinct accomplie.
La terre ouvre son sein, du ventre des tombeaux
Naissent des enterrés les visages nouveaux ;
Du pré, du bois, du champ, presque de toutes places
Sortent les corps nouveaux et les nouvelles faces.
Ici les fondemens des chasteaux rehaussés
Par les ressuscitans promptement sont percés ;
Ici un arbre sent des bras de sa racine
Grouïller un chef vivant, sortir une poictrine ;

Là l'eau trouble bouillonne, et puis s'esparpillant
Sent en soy des cheveux et un chef s'esveillant.
Comme un nageur venant du profond de son plonge,
Tous sortent de la mort comme l'on sort d'un songe [...]

1616

François de Malherbe (1555-1628)

Dessein de quitter une dame qui ne le contentait que de promesse

Beauté, mon beau souci, de qui l'âme incertaine
A comme l'Océan son flux et son reflux :
Pensez de vous résoudre à soulager ma peine,
Ou je me vais résoudre à ne la souffrir plus.

Vos yeux ont des appas que j'aime et que je prise,
Et qui peuvent beaucoup dessus ma liberté :
Mais pour me retenir, s'ils font cas de ma prise,
Il leur faut de l'amour autant que de beauté.

Quand je pense être au point que cela s'accomplisse,
Quelque excuse toujours en empêche l'effet :
C'est la toile sans fin de la femme d'Ulysse,
Dont l'ouvrage du soir au matin se défait.

Madame, avisez-y, vous perdez votre gloire
De me l'avoir promis et vous rire de moi,
S'il ne vous en souvient vous manquez de mémoire,
Et s'il vous en souvient vous n'avez point de foi.

J'avais toujours fait compte, aimant chose si haute,
De ne m'en séparer qu'avecque le trépas,
S'il arrive autrement ce sera votre faute,
De faire des serments et ne les tenir pas.

1627

Jean de Sponde (1557-1595)

Sonnets de la mort

V

Tout s'enfle contre moi, tout m'assaut, tout me tente,
Et le monde et la chair, et l'Ange révolté,
Dont l'onde, dont l'effort, dont le charme inventé,
Et m'abîme, Seigneur, et m'ébranle, et m'enchante.

Quelle nef, quel appui, quelle oreille dormante,
Sans péril, sans tomber, et sans être enchanté,
Me donras-tu ton Temple où vit ta Sainteté,
Ton invincible main et ta voix si constante ?

Et quoi ? mon Dieu, je sens combattre maintes fois,
Encore avec ton Temple, et ta main, et ta voix,
Cet Ange révolté, cette chair, et ce Monde.

Mais ton Temple pourtant, ta main, ta voix sera
La nef, l'appui, l'oreille où ce charme perdra,
Où mourra cet effort, où se perdra cette onde.

1597

Jean-Baptiste Chassignet (1571-1635)

Le Mépris de la vie et consolation contre la mort

CCLXIII

Est-il rien de plus vain qu'un songe mensonger,
Un songe passager vagabond et muable ?
La vie est toutefois au songe comparable,
Au songe vagabond, muable et passager ;

Est-il rien de plus vain que l'ombrage leger,
L'ombrage remuant, inconstant, et peu stable ?
La vie est toutefois à l'ombrage semblable,
À l'ombrage tremblant sous l'arbre d'un verger ;

Aussi pour nous laisser une preuve asseuree
Que ceste vie estoit seulement une entree
Et depart de ce lieu, entra soudainement

Le sage Pythagore en sa chambre secrette
Et ny fust point si tost, ô preuve bien tost faite !
Comme il en ressortist encor plus vistement.

1594

CHRISTOFLE DE BEAUJEU (fin du XVIe siècle)

Les Amours

XV

Ne vous étonnez pas, mes amis, je vous prie,
Si vous me voyez pâle, et vivre sans couleur :
C'est au plus creux du sein où me tient ma douleur,
Dont il faut que j'en perde en peu de temps la vie.

Celle que j'aime tant et que j'ai tant servie
A fait en récompense un meurtre de mon cœur,
Et se plaît tous les jours à croître ma langueur.
Elle me fait mourir ainsi de fâcherie.

Elle a teint de mon sang la verdoyante plaine,
Comme les blonds épis de la plaine romaine
S'émaillèrent un jour, signe de grands malheurs.

Au lieu des écriteaux qui tombèrent en terre,
L'on rencontre mes vers, preuve de ces rigueurs
Qui présagent ma mort, au lieu de cette guerre.

1589

Honorat de Racan (1589-1670)

Pour un marinier

Dessus la mer de Chypre où souvent il arrive
Que les meilleurs Nochers se perdent dès la rive,
J'ai navigué la nuit plus de fois que le jour :
La beauté d'Uranie est mon Pôle et mon Phare,
Et dans quelque tourmente où ma barque s'égare,
Je n'invoque jamais d'autre Dieu que l'Amour.

Souvent à la merci des funestes Pléiades,
Ce Pilote sans peur m'a conduit en des rades
Où jamais les vaisseaux ne s'étaient hasardés,
Et sans faire le vain, ceux qui m'entendront dire
De quel art cet enfant a guidé mon navire,
Ne l'accuseront plus d'avoir les yeux bandés.

Il n'est point de brouillards que ses feux n'éclaircissent ;
Par ses enchantements les vagues s'adoucissent ;
La mer se fait d'azur et le Ciel de saphirs,
Et devant la beauté dont j'adore l'image,
En faveur du Printemps, qui luit en son visage,
Les plus fiers Aquilons se changent en zéphyrs.

Mais bien que dans ses yeux l'amour prenne ses charmes,
Qu'il y mette ses feux, qu'il y forge ses armes,
Et qu'il ait établi son empire en ce lieu,
Toutefois sa grandeur leur rend obéissance ;
Sur cette âme de glace il n'a point de puissance,
Et seulement contre elle il cesse d'être Dieu.

Je sais bien que ma nef y doit faire naufrage,
Ma science m'apprend à prédire l'orage,
Je connais le rocher qu'elle cache en son sein ;
Mais plus j'y vois de morts et moins je m'épouvante ;
Je me trahis moi-même, et l'art dont je me vante,
Pour l'honneur de périr en un si beau dessein.

1627

Théophile de Viau (1590-1626)

Ode

Un corbeau devant moy croasse,
Une ombre offusque mes regards,
Deux bellettes, et deux renards,
Traversent l'endroit où je passe ;
Les pieds faillent à mon cheval,
Mon laquay tombe du haut mal,
J'entends craqueter le tonnerre,
Un esprit se presente à moy,
J'oy Charon qui m'apelle à soy,
Je voy le centre de la terre.

Ce ruisseau remonte en sa source,
Un bœuf gravit sur un clocher,
Le sang coule de ce rocher,
Un aspic s'accouple d'une ourse.
Sur le haut d'une vieille tour
Un serpent deschire un vautour,
Le feu brusle dedans la glace,
Le soleil est devenu noir,
Je voy la lune qui va cheoir,
Cet arbre est sorty de sa place.

1621

Marc-Antoine Girard de Saint-Amant (1594-1661)

Le Paresseux

Accablé de Paresse et de Mélancolie,
Je rêve dans un lit, où je suis fagoté
Comme un Lièvre sans os qui dort dans un pâté,
Ou comme un Don Quichotte en sa morne folie.

Là sans me soucier des Guerres d'Italie,
Du Comte Palatin ni de sa royauté,
Je consacre un bel Hymne à cette oisiveté
Où mon Âme en langueur est comme ensevelie.

Je trouve ce plaisir si doux et si charmant
Que je crois que les biens me viendront en dormant,
Puisque je vois déjà s'en enfler ma bedaine.

Et hais tant le travail que, les yeux entr'ouverts,
Une main hors des draps, cher Baudoin, à peine
Ai-je pu me résoudre à t'écrire ces vers.

1658

Vincent Voiture (1597-1648)

Ordonnance pour un festin

Pour nous soûler il nous faut des perdreaux,
Force pluviers, et force cailleteaux ;
Mais à cela je veux faire la nique,
Si nous n'avons la bisque magnifique
À double front et triples chapiteaux.

Que l'entremets paraisse des plus beaux,
Suivi de fruits entassés à monceaux ;
Car il nous faut une chère Angélique
Pour nous soûler.

Nous y voulons contes, et mots nouveaux,
Chansons, dizains, ballades et rondeaux,
Et quand et quand excellente musique ;
Et plus que tout un broc de vin qui pique ;
Que dis-je, un broc ? Il en faut des tonneaux
Pour nous soûler.

1635

Tristan L'Hermite (1601-1655)

La Mer

[...] Souvent de la pointe où je suis,
Lors que la lumière decline,
J'aperçois des jours et des nuits
En mesme endroit de la marine.
C'est lors qu'enfermé de broüillards
Cet astre lance des regards
Dans un nuage épais et sombre
Qui reflechissans à costé
Nous font voir des montagnes d'ombre
Avec des sources de clarté.

Lors que le temps se veut changer,
Que la Nature qui s'ennuye
Se va quelque part décharger
De sa tristesse avec la pluye,
Lors mille monstres écaillez
Que la tourmente a réveillez
Sortent de l'onde à sa venuë,
Salüant Iris dans les cieux,
Qui vient étaler dans la nuë
Toutes les delices des yeux.

Mais voicy venir le montant,
Les ondes demy courroucées
Peu à peu vont empiétant
Les bornes qu'elles ont laissées.
Les vagues, d'un cours diligent,

À longs plis de verre ou d'argent
Se viennent rompre sur la rive,
Où leur debris fait à tous coups
Rejaillir une source vive
De perles parmy les cailloux [...]

1662

Pierre Corneille (1606-1684)

Médée

Acte I, scène IV

Souverains protecteurs des lois de l'hyménée,
Dieux garants de la foi que Jason m'a donnée,
Vous qu'il prit à témoin d'une immortelle ardeur
Quand par un faux serment il vainquit ma pudeur,
Voyez de quel mépris vous traite son parjure,
Et m'aidez à venger cette commune injure :
S'il me peut aujourd'hui chasser impunément,
Vous êtes sans pouvoir ou sans ressentiment.
Et vous, troupe savante en noires barbaries,
Filles de l'Achéron, pestes, larves, furies,
Fières sœurs, si jamais notre commerce étroit
Sur vous et vos serpents me donna quelque droit,
Sortez de vos cachots avec les mêmes flammes
Et les mêmes tourments dont vous gênez les âmes ;
Laissez-les quelque temps reposer dans leurs fers :
Pour mieux agir pour moi faites trêve aux enfers ;
Apportez-moi du fond des antres de Mégère
La mort de ma rivale, et celle de son père ;
Et si vous ne voulez mal servir mon courroux,
Quelque chose de pis pour mon perfide époux :
Qu'il coure vagabond de province en province,
Qu'il fasse lâchement la cour à chaque prince ;
Banni de tous côtés, sans bien et sans appui,
Accablé de frayeur, de misère, d'ennui,
Qu'à ses plus grands malheurs aucun ne compatisse ;

Qu'il ait regret à moi pour son dernier supplice ;
Et que mon souvenir jusque dans le tombeau
Attache à son esprit un éternel bourreau.
Jason me répudie ! et qui l'aurait pu croire ?
S'il a manqué d'amour, manque-t-il de mémoire ?
Me peut-il bien quitter après tant de bienfaits ?
M'ose-t-il bien quitter après tant de forfaits ?
Sachant ce que je puis, ayant vu ce que j'ose,
Croit-il que m'offenser ce soit si peu de chose ?
Quoi ! mon père trahi, les éléments forcés,
D'un frère dans la mer les membres dispersés,
Lui font-ils présumer mon audace épuisée ?
Lui font-ils présumer qu'à mon tour méprisée,
Ma rage contre lui n'ait par où s'assouvir,
Et que tout mon pouvoir se borne à le servir ?
Tu t'abuses, Jason, je suis encor moi-même.
Tout ce qu'en ta faveur fit mon amour extrême,
Je le ferai par haine ; et je veux pour le moins
Qu'un forfait nous sépare, ainsi qu'il nous a joints ;
Que mon sanglant divorce, en meurtres, en carnage,
S'égale aux premiers jours de notre mariage,
Et que notre union, que rompt ton changement,
Trouve une fin pareille à son commencement.
Déchirer par morceaux l'enfant aux yeux du père
N'est que le moindre effet qui suivra ma colère ;
Des crimes si légers furent mes coups d'essai :
Il faut bien autrement montrer ce que je sai ;
Il faut faire un chef-d'œuvre, et qu'un dernier ouvrage
Surpasse de bien loin ce faible apprentissage.
    Mais pour exécuter tout ce que j'entreprends,
Quels Dieux me fourniront des secours assez grands ?
Ce n'est plus vous, enfers, qu'ici je sollicite :
Vos feux sont impuissants pour ce que je médite.
Auteur de ma naissance, aussi bien que du jour,
Qu'à regret tu dépars à ce fatal séjour,
Soleil, qui vois l'affront qu'on va faire à ta race,
Donne-moi tes chevaux à conduire en ta place ;
Accorde cette grâce à mon désir bouillant ;
Je veux choir sur Corinthe avec ton char brûlant ;
Mais ne crains pas de chute à l'univers funeste :

Corinthe consumé garantira le reste ;
De mon juste courroux les implacables vœux
Dans ses odieux murs arrêteront tes feux ;
Créon en est le prince, et prend Jason pour gendre :
C'est assez mériter d'être réduit en cendre,
D'y voir réduit tout l'isthme, afin de l'en punir,
Et qu'il n'empêche plus les deux mers de s'unir.
[...]

1635

Jean de La Fontaine (1621-1695)

Fables

Livre deuxième

XIV

Le Lièvre et les Grenouilles

Un lièvre en son gîte songeait
(Car que faire en un gîte, à moins que l'on ne songe ?) ;
Dans un profond ennui ce lièvre se plongeait :
Cet animal est triste, et la crainte le ronge.
« Les gens de naturel peureux
Sont, disait-il, bien malheureux ;
Ils ne sauraient manger morceau qui leur profite.
Jamais un plaisir pur, toujours assauts divers :
Voilà comme je vis : cette crainte maudite
M'empêche de dormir, sinon les yeux ouverts.
Corrigez-vous, dira quelque sage cervelle.
Et la peur se corrige-t-elle ?
Je crois même qu'en bonne foi
Les hommes ont peur comme moi. »
Ainsi raisonnait notre lièvre
Et cependant faisait le guet.
Il était douteux, inquiet :
Un souffle, une ombre, un rien, tout lui donnait la fièvre.
Le mélancolique animal,
En rêvant à cette matière,
Entend un léger bruit : ce lui fut un signal

Pour s'enfuir devers sa tanière.
Il s'en alla passer sur le bord d'un étang.
Grenouilles aussitôt de sauter dans les ondes,
Grenouilles de rentrer en leurs grottes profondes.
« Oh ! dit-il, j'en fais faire autant
Qu'on m'en fait faire ! Ma présence
Effraie aussi les gens, je mets l'alarme au camp !
Et d'où me vient cette vaillance ?
Comment ! des animaux qui tremblent devant moi !
Je suis donc un foudre de guerre ?
Il n'est, je le vois bien, si poltron sur la terre
Qui ne puisse trouver un plus poltron que soi. »

1668

Charles Perrault (1628-1703)

Contes de ma mère l'Oye

Peau d'âne

[...] L'Infante seule était plus belle
Et possédait certains tendres appas
Que la défunte n'avait pas.
Le Roi le remarqua lui-même
Et brûlant d'un amour extrême,
Alla follement s'aviser
Que par cette raison il devait l'épouser.
Il trouva même un Casuiste
Qui jugea que le cas se pouvait proposer.
Mais la jeune Princesse triste
D'ouïr parler d'un tel amour,
Se lamentait et pleurait nuit et jour.

De mille chagrins l'âme pleine,
Elle alla trouver sa Marraine,
Loin, dans une grotte à l'écart
De Nacre et de Corail richement étoffée.
C'était une admirable Fée
Qui n'eut jamais de pareille en son Art.
Il n'est pas besoin qu'on vous die
Ce qu'était une Fée en ces bienheureux temps ;
Car je suis sûr que votre Mie
Vous l'aura dit dès vos plus jeunes ans.

« Je sais, dit-elle, en voyant la Princesse,
Ce qui vous fait venir ici,
Je sais de votre cœur la profonde tristesse ;
Mais avec moi n'ayez plus de souci.
Il n'est rien qui vous puisse nuire
Pourvu qu'à mes conseils vous vous laissiez conduire.
Votre Père, il est vrai, voudrait vous épouser ;
Écouter sa folle demande
Serait une faute bien grande,
Mais sans le contredire on le peut refuser.

Dites-lui qu'il faut qu'il vous donne
Pour rendre vos désirs contents,
Avant qu'à son amour votre cœur s'abandonne,
Une Robe qui soit de la couleur du Temps.
Malgré tout son pouvoir et toute sa richesse,
Quoique le Ciel en tout favorise ses vœux,
Il ne pourra jamais accomplir sa promesse. »

Aussitôt la jeune Princesse
L'alla dire en tremblant à son Père amoureux
Qui dans le moment fit entendre
Aux Tailleurs les plus importants
Que s'ils ne lui faisaient, sans trop le faire attendre,
Une Robe qui fût de la couleur du Temps,
Ils pouvaient s'assurer qu'il les ferait tous pendre.

Le second jour ne luisait pas encor
Qu'on apporta la Robe désirée ;
Le plus beau bleu de l'Empyrée
N'est pas, lorsqu'il est ceint de gros nuages d'or,
D'une couleur plus azurée.
De joie et de douleur l'Infante pénétrée
Ne sait que dire ni comment
Se dérober à son engagement.
« Princesse, demandez-en une,
Lui dit sa Marraine tout bas,
Qui plus brillante et moins commune,
Soit de la couleur de la Lune.
Il ne vous la donnera pas. »

À peine la Princesse en eut fait la demande
Que le Roi dit à son Brodeur :
« Que l'astre de la Nuit n'ait pas plus de splendeur
Et que dans quatre jours sans faute on me la rende. »

Le riche habillement fut fait au jour marqué,
Tel que le Roi s'en était expliqué.
Dans les Cieux où la Nuit a déployé ses voiles,
La Lune est moins pompeuse en sa robe d'argent
Lors même qu'au milieu de son cours diligent
Sa plus vive clarté fait pâlir les étoiles.

La Princesse admirant ce merveilleux habit,
Était à consentir presque délibérée ;
Mais par sa Marraine inspirée,
Au Prince amoureux elle dit :
« Je ne saurais être contente
Que je n'aie une Robe encore plus brillante
Et de la couleur du Soleil. »
Le Prince qui l'aimait d'un amour sans pareil,
Fit venir aussitôt un riche Lapidaire
Et lui commanda de la faire
D'un superbe tissu d'or et de diamants,
Disant que s'il manquait à le bien satisfaire,
Il le ferait mourir au milieu des tourments.

Le Prince fut exempt de s'en donner la peine,
Car l'ouvrier industrieux,
Avant la fin de la semaine,
Fit apporter l'ouvrage précieux,
Si beau, si vif, si radieux,
Que le blond Amant de Clymène,
Lorsque sur la voûte des Cieux
Dans son char d'or il se promène,
D'un plus brillant éclat n'éblouit pas les yeux.

L'Infante que ces dons achèvent de confondre,
À son Père, à son Roi ne sait plus que répondre.
Sa Marraine aussitôt la prenant par la main :
« Il ne faut pas, lui dit-elle à l'oreille,

Demeurer en si beau chemin ;
Est-ce une si grande merveille
Que tous ces dons que vous en recevez,
Tant qu'il aura l'Âne que vous savez,
Qui d'écus d'or sans cesse emplit sa bourse ?
Demandez-lui la peau de ce rare Animal.
Comme il est toute sa ressource,
Vous ne l'obtiendrez pas, ou je raisonne mal. »

Cette Fée était bien savante,
Et cependant elle ignorait encor
Que l'amour violent pourvu qu'on le contente,
Compte pour rien l'argent et l'or ;
La peau fut galamment aussitôt accordée
Que l'Infante l'eut demandée.

Cette Peau quand on l'apporta
Terriblement l'épouvanta
Et la fit de son sort amèrement se plaindre.
Sa Marraine survint et lui représenta
Que quand on fait le bien on ne doit jamais craindre ;
Qu'il faut laisser penser au Roi
Qu'elle est tout à fait disposée
À subir avec lui la conjugale Loi,
Mais qu'au même moment, seule et bien déguisée,
Il faut qu'elle s'en aille en quelque État lointain
Pour éviter un mal si proche et si certain. [...]

1694

Philippe Quinault (1635-1688)

Armide

Acte I, scène III

[...]
Armide est encore plus aimable
Qu'elle n'est redoutable :
Que son triomphe est glorieux !
Ses charmes les plus forts sont ceux de ses beaux yeux.
Elle n'a pas besoin d'employer l'art terrible
Qui sait, quand il lui plaît, faire armer les Enfers,
Sa beauté trouve tout possible :
Nos plus fiers ennemis gémissent dans ses fers.
[...]

1686

Nicolas Boileau-Despréaux (1636-1711)

Art poétique

[...] Enfin Malherbe vint, et, le premier en France,
Fit sentir dans les vers une juste cadence,
D'un mot mis en sa place enseigna le pouvoir,
Et réduisit la muse aux règles du devoir.
Par ce sage écrivain la langue réparée
N'offrit plus rien de rude à l'oreille épurée.
Les stances avec grâce apprirent à tomber,
Et le vers sur le vers n'osa plus enjamber.
Tout reconnut ses lois ; et ce guide fidèle
Aux auteurs de ce temps sert encor de modèle.
Marchez donc sur ses pas ; aimez sa pureté,
Et de son tour heureux imitez la clarté.
Si le sens de vos vers tarde à se faire entendre,
Mon esprit aussitôt commence à se détendre,
Et, de vos vains discours prompt à se détacher,
Ne suit point un auteur qu'il faut toujours chercher.
Il est certains esprits dont les sombres pensées
Sont d'un nuage épais toujours embarrassées ;
Le jour de la raison ne le saurait percer.
Avant donc que d'écrire apprenez à penser.
Selon que notre idée est plus ou moins obscure,
L'expression la suit, ou moins nette, ou plus pure.
Ce que l'on conçoit bien s'énonce clairement,
Et les mots pour le dire arrivent aisément.
Surtout, qu'en vos écrits la langue révérée
Dans vos plus grands excès vous soit toujours sacrée.
En vain vous me frappez d'un son mélodieux,

Si le terme est impropre, ou le tour vicieux ;
Mon esprit n'admet point un pompeux barbarisme,
Ni d'un vers ampoulé l'orgueilleux solécisme.
Sans la langue, en un mot, l'auteur le plus divin
Est toujours, quoi qu'il fasse, un méchant écrivain.
  Travaillez à loisir, quelque ordre qui vous presse,
Et ne vous piquez point d'une folle vitesse ;
Un style si rapide, et qui court en rimant,
Marque moins trop d'esprit, que peu de jugement.
J'aime mieux un ruisseau qui sur la molle arène
Dans un pré plein de fleurs lentement se promène,
Qu'un torrent débordé qui, d'un cours orageux,
Roule, plein de gravier, sur un terrain fangeux.
Hâtez-vous lentement ; et, sans perdre courage,
Vingt fois sur le métier remettez votre ouvrage :
Polissez-le sans cesse et le repolissez ;
Ajoutez quelquefois, et souvent effacez. [...]

1674

Antoinette Deshoulières (1637-1694)

Soyons toujours inexorables

Soyons toujours inexorables :
Un amant bien traité se rend insupportable ;
Il néglige l'objet dont son cœur est charmé ;
De tous les petits soins il devient incapable :
Un amant sûr d'être aimé,
Cesse toujours d'être aimable.

Si l'amour est inévitable ;
S'il faut, pour un berger, brûler d'un feu semblable
À celui dont son cœur nous paraît consumé,
Par de feintes rigueurs rendons-le misérable :
Un amant sûr d'être aimé,
Cesse toujours d'être aimable.

1695

Jean Racine (1639-1699)

Bérénice

Acte IV, scène v

Hé bien ! régnez, cruel ; contentez votre gloire :
Je ne dispute plus. J'attendais, pour vous croire,
Que cette même bouche, après mille serments
D'un amour qui devait unir tous nos moments,
Cette bouche, à mes yeux s'avouant infidèle,
M'ordonnât elle-même une absence éternelle.
Moi-même j'ai voulu vous entendre en ce lieu.
Je n'écoute plus rien ; et pour jamais, adieu.
    Pour jamais ! Ah ! Seigneur, songez-vous en vous-même
Combien ce mot cruel est affreux quand on aime ?
Dans un mois, dans un an, comment souffrirons-nous,
Seigneur, que tant de mers me séparent de vous ?
Que le jour recommence et que le jour finisse,
Sans que jamais Titus puisse voir Bérénice,
Sans que de tout le jour je puisse voir Titus !
    Mais quelle est mon erreur, et que de soins perdus !
L'ingrat, de mon départ consolé par avance,
Daignera-t-il compter les jours de mon absence ?
Ces jours si longs pour moi lui sembleront trop courts.
[...]

1670

Victor Hugo (1802-1885)

La Légende des siècles

Aymerillot

[...]   Alors, levant la tête,
Se dressant tout debout sur ses grands étriers,
Tirant sa large épée aux éclairs meurtriers,
Avec un âpre accent plein de sourdes huées,
Pâle, effrayant, pareil à l'aigle des nuées,
Terrassant du regard son camp épouvanté,
L'invincible empereur s'écria : – Lâcheté !
Ô comtes palatins tombés dans ces vallées,
Ô géants qu'on voyait debout dans les mêlées,
Devant qui Satan même aurait crié merci,
Olivier et Roland, que n'êtes-vous ici !
Si vous étiez vivants, vous prendriez Narbonne,
Paladins ! vous, du moins, votre épée était bonne,
Votre cœur était haut, vous ne marchandiez pas !
Vous alliez en avant sans compter tous vos pas !
Ô compagnons couchés dans la tombe profonde,
Si vous étiez vivants, nous prendrions le monde !
Grand Dieu ! que voulez-vous que je fasse à présent ?
Mes yeux cherchent en vain un brave au cœur puissant
Et vont, tout effrayés de nos immenses tâches,
De ceux-là qui sont morts à ceux-ci qui sont lâches !
Je ne sais point comment on porte des affronts !
Je les jette à mes pieds, je n'en veux pas ! Barons,
Vous qui m'avez suivi jusqu'à cette montagne,

Normands, lorrains, marquis des marches d'Allemagne,
Poitevins, bourguignons, gens du pays Pisan,
Bretons, picards, flamands, français, allez-vous-en !
Guerriers, allez-vous-en d'auprès de ma personne,
Des camps où l'on entend mon noir clairon qui sonne ;
Rentrez dans vos logis, allez-vous-en chez vous,
Allez-vous-en d'ici, car je vous chasse tous !
Je ne veux plus de vous ! Retournez chez vos femmes !
Allez vivre cachés, prudents, contents, infâmes !
C'est ainsi qu'on arrive à l'âge d'un aïeul.
Pour moi, j'assiégerai Narbonne à moi tout seul.
Je reste ici rempli de joie et d'espérance !
Et, quand vous serez tous dans notre douce France,
Ô vainqueurs des saxons et des aragonais !
Quand vous vous chaufferez les pieds à vos chenets,
Tournant le dos aux jours de guerres et d'alarmes,
Si l'on vous dit, songeant à tous vos grands faits d'armes
Qui remplirent longtemps la terre de terreur :
— Mais où donc avez-vous quitté votre empereur ?
Vous répondrez, baissant les yeux vers la muraille :
— Nous nous sommes enfuis le jour d'une bataille,
Si vite et si tremblants et d'un pas si pressé
Que nous ne savons plus où nous l'avons laissé ! —

Ainsi Charles de France appelé Charlemagne,
Exarque de Ravenne, empereur d'Allemagne,
Parlait dans la montagne avec sa grande voix ;
Et les pâtres lointains, épars au fond des bois,
Croyaient en l'entendant que c'était le tonnerre.

Les barons consternés fixaient leurs yeux à terre.
Soudain, comme chacun demeurait interdit,
Un jeune homme bien fait sortit des rangs et dit :

— Que monsieur saint Denis garde le roi de France !

L'empereur fut surpris de ce ton d'assurance.

Il regarda celui qui s'avançait, et vit,
Comme le roi Saül lorsque apparut David,

Une espèce d'enfant au teint rose, aux mains blanches,
Que d'abord les soudards dont l'estoc bat les hanches
Prirent pour une fille habillée en garçon,
Doux, frêle, confiant, serein, sans écusson
Et sans panache, ayant, sous ses habits de serge,
L'air grave d'un gendarme et l'air froid d'une vierge.

— Toi, que veux-tu, dit Charles, et qu'est-ce qui t'émeut ?
— Je viens vous demander ce dont pas un ne veut,
L'honneur d'être, ô mon roi, si Dieu ne m'abandonne,
L'homme dont on dira : C'est lui qui prit Narbonne.

L'enfant parlait ainsi d'un air de loyauté,
Regardant tout le monde avec simplicité.

Le gantois, dont le front se relevait très vite,
Se mit à rire, et dit aux reîtres de sa suite :
— Hé ! c'est Aymerillot, le petit compagnon.

— Aymerillot, reprit le roi, dis-nous ton nom.

— Aymery. Je suis pauvre autant qu'un pauvre moine.
J'ai vingt ans, je n'ai point de paille et point d'avoine,
Je sais lire en latin, et je suis bachelier.
Voilà tout, sire. Il plut au sort de m'oublier
Lorsqu'il distribua les fiefs héréditaires.
Deux liards couvriraient fort bien toutes mes terres,
Mais tout le grand ciel bleu n'emplirait pas mon cœur.
J'entrerai dans Narbonne et je serai vainqueur.
Après, je châtierai les railleurs, s'il en reste.

Charles, plus rayonnant que l'archange céleste,
S'écria :

— Tu seras, pour ce propos hautain,
Aymery de Narbonne et comte palatin,
Et l'on te parlera d'une façon civile.
Va, fils !

Le lendemain Aymery prit la ville.

1863

Gérard de Nerval (1808-1855)

Les Chimères

El Desdichado

Je suis le Ténébreux, – le Veuf, – l'Inconsolé,
Le Prince d'Aquitaine à la Tour abolie :
Ma seule *Étoile* est morte, – et mon luth constellé
Porte le *Soleil noir* de la *Mélancolie*.

Dans la nuit du Tombeau, Toi qui m'as consolé,
Rends-moi le Pausilippe et la mer d'Italie,
La *fleur* qui plaisait tant à mon cœur désolé,
Et la treille où le Pampre à la Rose s'allie.

Suis-je Amour ou Phœbus ?... Lusignan ou Biron ?
Mon front est rouge encor du baiser de la Reine ;
J'ai rêvé dans la Grotte où nage la Syrène...

Et j'ai deux fois vainqueur traversé l'Achéron :
Modulant tour à tour sur la lyre d'Orphée
Les soupirs de la Sainte et les cris de la Fée.

1854

Charles Baudelaire (1821-1867)

Petits poèmes en prose

L'Étranger

« — Qui aimes-tu le mieux, homme énigmatique, dis ? ton père, ta mère, ta sœur ou ton frère ?

— Je n'ai ni père, ni mère, ni sœur, ni frère.

— Tes amis ?

— Vous vous servez là d'une parole dont le sens m'est resté jusqu'à ce jour inconnu.

— Ta patrie ?

— J'ignore sous quelle latitude elle est située.

— La beauté ?

— Je l'aimerais volontiers, déesse et immortelle.

— L'or ?

— Je le hais comme vous haïssez Dieu.

— Eh ! qu'aimes-tu donc, extraordinaire étranger ?

— J'aime les nuages... les nuages qui passent... là-bas... là-bas... les merveilleux nuages ! »

1862

JOSÉ MARIA DE HEREDIA (1842-1905)

Les Trophées

LES CONQUÉRANTS

Comme un vol de gerfauts hors du charnier natal,
Fatigués de porter leurs misères hautaines,
De Palos, de Moguer, routiers et capitaines
Partaient, ivres d'un rêve héroïque et brutal.

Ils allaient conquérir le fabuleux métal
Que Cipango mûrit dans ses mines lointaines,
Et les vents alizés inclinaient leurs antennes
Aux bords mystérieux du monde occidental.

Chaque soir, espérant des lendemains épiques,
L'azur phosphorescent de la mer des Tropiques
Enchantait leur sommeil d'un mirage doré ;

Ou, penchés à l'avant des blanches caravelles,
Ils regardaient monter en un ciel ignoré
Du fond de l'Océan des étoiles nouvelles.

1893

Stéphane Mallarmé (1842-1898)

Poésies

Tristesse d'été

Le soleil, sur le sable, ô lutteuse endormie,
En l'or de tes cheveux chauffe un bain langoureux
Et, consumant l'encens sur ta joue ennemie,
Il mêle avec les pleurs un breuvage amoureux.

De ce blanc flamboiement l'immuable accalmie
T'a fait dire, attristée, ô mes baisers peureux
« Nous ne serons jamais une seule momie
Sous l'antique désert et les palmiers heureux ! »

Mais la chevelure est une rivière tiède,
Où noyer sans frissons l'âme qui nous obsède
Et trouver ce Néant que tu ne connais pas.

Je goûterai le fard pleuré par tes paupières,
Pour voir s'il sait donner au cœur que tu frappas
L'insensibilité de l'azur et des pierres.

1898

Charles Cros (1842-1888)

Le Coffret de santal

Tableau

Enclavé dans les rails, engraissé de scories,
Leur petit potager plaît à mes rêveries.
Le père est aiguilleur à la gare de Lyon.
Il fait honnêtement et sans rébellion
Son dur métier. Sa femme, hélas ! qui serait blonde
Sans le sombre glacis du charbon, le seconde.
Leur enfant, ange rose éclos dans cet enfer
Fait des petits châteaux avec du mâchefer.
À quinze ans il vendra des journaux, des cigares :
Peut-être le bonheur n'est-il que dans les gares !

1873

Paul Verlaine (1844-1896)

Romances sans paroles

Clair de lune

Votre âme est un paysage choisi
Que vont charmant masques et bergamasques
Jouant du luth et dansant et quasi
Tristes sous leurs déguisements fantasques.

Tout en chantant sur le mode mineur
L'amour vainqueur et la vie opportune,
Ils n'ont pas l'air de croire à leur bonheur
Et leur chanson se mêle au clair de lune,

Au calme clair de lune triste et beau,
Qui fait rêver les oiseaux dans les arbres
Et sangloter d'extase les jets d'eau,
Les grands jets d'eau sveltes parmi les marbres.

1874

Tristan Corbière (1845-1875)

Les Amours jaunes

Rondel

Il fait noir, enfant, voleur d'étincelles !
Il n'est plus de nuits, il n'est plus de jours :
Dors... en attendant venir toutes celles
Qui disaient : Jamais ! Qui disaient : Toujours !

Entends-tu leurs pas ?... Ils ne sont pas lourds :
Oh ! les pieds légers ! – l'Amour a des ailes...
Il fait noir, enfant, voleur d'étincelles !

Entends-tu leurs voix ?... Les caveaux sont sourds.
Dors : Il pèse peu, ton faix d'immortelles ;
Ils ne viendront pas, tes amis les ours,
Jeter leur pavé sur tes demoiselles...
Il fait noir, enfant, voleur d'étincelles !

1873

ISIDORE DUCASSE, COMTE DE LAUTRÉAMONT
(1846-1870)

Poésie I

[...] La poésie personnelle a fait son temps de jongleries relatives et de contorsions contingentes. Reprenons le fil indestructible de la poésie impersonnelle, brusquement interrompu depuis la naissance du philosophe manqué de Ferney, depuis l'avortement du grand Voltaire.

Il paraît beau, sublime, sous prétexte d'humilité ou d'orgueil, de discuter les causes finales, d'en fausser les conséquences stables et connues. Détrompez-vous, parce qu'il n'y a rien de plus bête ! Renouons la chaîne régulière avec les temps passés ; la poésie est la géométrie par excellence. Depuis Racine, la poésie n'a pas progressé d'un millimètre. Elle a reculé. Grâce à qui ? aux Grandes-Têtes-Molles de notre époque. Grâce aux femmelettes, Chateaubriand, le Mohican-Mélancolique ; Sénancour, l'Homme-en-Jupon ; Jean-Jacques Rousseau, le Socialiste-Grincheur ; Anne Radcliffe, le Spectre-Toqué ; Edgar Poe, le Mameluck-des-Rêves-d'Alcool ; Maturin, le Compère-des-Ténèbres ; George Sand, l'Hermaphrodite-Circoncis ; Théophile Gautier, l'Incomparable-Épicier ; Leconte, le Captif-du-Diable ; Goethe, le Suicidé-pour-Pleurer ; Sainte-Beuve, le Suicidé-pour-Rire ; Lamartine, la Cigogne-Larmoyante ; Lermontoff, le Tigre-qui-Rugit ; Victor Hugo, le Funèbre-Échalas-Vert ; Misçkiéwickz, l'Imitateur-de-Satan ; Musset, le Gandin-Sans-Chemise-Intellectuelle ; et Byron, l'Hippopotame-des-Jungles-Infernales.

Le doute a existé de tout temps en minorité. Dans ce siècle, il est en majorité. Nous respirons la violation du devoir par les pores. Cela ne s'est vu qu'une fois ; cela ne se reverra plus.

Les notions de la simple raison sont tellement obscurcies à l'heure qu'il est, que, la première chose que font les professeurs de quatrième, quand ils apprennent à faire des vers latins à leurs élèves, jeunes poètes dont la lèvre est humectée du lait maternel, c'est de leur dévoiler par la pratique le nom d'Alfred de Musset. Je vous demande un peu, beaucoup ! Les professeurs de troisième, donc, donnent, dans leurs classes à traduire, en vers grec, deux sanglants épisodes. Le premier, c'est la repoussante comparaison du pélican. Le deuxième, sera l'épouvantable catastrophe arrivée à un laboureur. À quoi bon regarder le mal ? N'est-il pas en minorité ? Pourquoi pencher la tête d'un lycéen sur des questions qui, faute de n'avoir pas été comprises, ont fait perdre la leur à des hommes tels que Pascal et Byron ?

Un élève m'a raconté que son professeur de seconde avait donné à sa classe, jour par jour, ces deux charognes à traduire en vers hébreux. Ces plaies de la nature animale et humaine le rendirent malade pendant un mois, qu'il passa à l'infirmerie. Comme nous nous connaissions, il me fit demander par sa mère. Il me raconta, quoique avec naïveté, que ses nuits étaient troublées par des rêves de persistance. Il croyait voir une armée de pélicans qui s'abattaient sur sa poitrine, et la lui déchiraient. Ils s'envolaient ensuite vers une chaumière en flammes. Ils mangeaient la femme du laboureur et ses enfants. Le corps noirci de brûlures, le laboureur sortait de la maison, engageait avec les pélicans un combat atroce. Le tout se précipitait dans la chaumière, qui retombait en éboulements. De la masse soulevée des décombres – cela ne ratait jamais – il voyait sortir son professeur de seconde, tenant d'une main son cœur, de l'autre une feuille de papier où l'on déchiffrait, en traits de soufre, la comparaison du pélican et celle du laboureur, telles que Musset lui-même les a composées. Il ne fut pas facile, au premier abord, de pronostiquer son genre de maladie. Je lui recommandai de se taire soigneusement, et de n'en parler à personne, surtout à son professeur de seconde. Je conseillai à sa mère de le prendre quelques jours chez elle, en assurant que cela se passerait. En effet, j'avais soin d'arriver chaque jour pendant quelques heures, et cela se passa.

Il faut que la critique attaque la forme, jamais le fond de vos idées, de vos phrases. Arrangez-vous.

Les sentiments sont la forme de raisonnement la plus incomplète qui se puisse imaginer.

Toute l'eau de la mer ne suffirait pas à laver une tache de sang intellectuelle.

Sans date

Raoul Ponchon (1848-1937)

La Muse au cabaret

La Soupe à l'oignon

À Jean Pierre Richepin.

Quel est ce bruit appétissant
Qui va sans cesse bruissant ?
On dirait le gazouillis grêle
D'une source dans les roseaux,
Ou l'interminable querelle
D'un congrès de petits oiseaux.
Mais cela n'est pas. Que je meure
Sous des gnons et sous des trognons,
Si ce ne sont pas des oignons
Qui se trémoussent dans du beurre !

Hein ! qu'est-ce que Bibi disait ?
Et ce bruit sent bon – qui plus est.
C'est à vous donner la fringale.
Traitez-moi de syndic des fous,
Je n'en connais pas qui l'égale.
« Et pourquoi faire – direz-vous –
Met-on ces oignons dans le beurre ? »
Pourquoi faire ?... triples couyons,
J'espère... une soupe à l'oignon.
Vous allez voir ça tout à l'heure !

Je m'invite, n'en doutez pas.
Et j'en veux manger, de ce pas,
À pleine louche, à pleine écuelle...
Ne me regardez pas ainsi,
C'est ma façon habituelle.
La soupe à l'oignon, Dieu merci !
Ne m'a jamais porté dommage.
Ainsi, la mère, encore un coup,
Insistez, faites-en beaucoup,
Et n'épargnez pas le fromage.

Elle est prête ?... Alors, on s'y met.
Ô simple et délicat fumet !
Tous les parfums de l'Arabie
Et que l'Orient distilla,
Ne valent pas une roupie
De singe, auprès de celui-là.
Et puis !... quel fromage énergique !
File-t-il, cré nom ! file-t-il !
Si l'on ne lui coupe le fil,
Il va filer jusqu'en Belgique !

On me dirait dans cet instant :
« La Fortune est là qui t'attend.
Laisse là ta soupe et sois riche. »
Que d'un cran je ne bougerais.
Qu'elle m'attende, je m'en fiche !
En vérité, je ne saurais,
Quand elle passerait ma porte,
Manger deux soupes à la fois,
Comme celle-ci. Non, ma foi.
Alors, que le diable l'emporte !

Assez causé. Goûtons un peu
Cette soupe, s'il plaît à Dieu !
Cristi ! Qu'elle est chaude, la garce !
Autant pour moi ! Où donc aussi,
Avais-je la cervelle éparse ?
Sans doute entre Auteuil et Bercy...
Elle ne m'a pas pris en traître

Sais-je pas sur le bout du doigt,
Que toute honnête soupe doit
Être brûlante ou ne pas être ?

Qu'est-ce à dire ? Je m'aperçois
Que j'en ai repris quatre fois.
Parbleu ! je n'en fais point mystère.
Mais j'en veux manger tout mon soûl.
Quatre fois ! peuh ! la belle affaire !
J'en reprendrais bien pour un sou.
Dussé-je crever à la peine,
Je n'aurai garde d'en laisser.
Et ne croyez pas me blesser,
En m'appelant « vieux phénomène »...

Allons, bon !... Il n'en reste plus !
Et bien, alors, il n'en faut plus.
Ayons quelque philosophie.
Une soupe se trouvait là...
Elle n'est plus là... C'est la Vie !
Que voulez-vous faire à cela ?
La soupe la plus innombrable
Finit tôt par nous dire adieu.
Et je ne vois guère que Dieu,
Finalement, de perdurable.

Jean Richepin (1849-1926)

La Chanson des gueux

Noctambules

Par les quais, les places, les rues,
Après minuit, avant le jour,
Lorsque les foules disparues
Dorment leur somme épais et lourd,

Quand l'ombre sur les ridicules
Jette son manteau ténébreux,
Ils vaguent, les bons noctambules,
Et sous le ciel causent entre eux.

Ils ont pour cravate une loque ;
Leurs habits sont vieux et souillés ;
Et leur pantalon s'effiloque
Sur le rire de leurs souliers.

Mais ils se moquent de la pluie
Qui rafraîchit leur crâne en feu
Et de la bise qui s'essuie
Sur leur nez qu'elle peint en bleu ;

Et d'un pas digne et philosophe
Ils se promènent bravement,
Mouchoirs humains de mince étoffe
Trempés des pleurs du firmament.

Leurs poches vides sur leurs cuisses
Ont beau prendre l'air par les trous,
Ils vont, fumant comme des Suisses,
Gesticulant comme des fous.

Ce sont des rêveurs, des poètes,
Des peintres, des musiciens,
Des gueux, un tas de jeunes têtes
Sous des chapeaux très anciens.

Au fond de vagues brasseries
Ils ont bu tout le soir à l'œil.
Aussi leurs âmes sont fleuries
De vert espoir, de rouge orgueil.

« Nous savons bien ce que nous sommes,
Notre avenir n'est pas suspect ! »
Et ces pauvres futurs grands hommes
Se parlent d'eux avec respect.

L'un refondra la poésie,
Et du moule de son cerveau
Dans le ciel de sa fantaisie
Fera jaillir l'astre nouveau ;

L'autre pétrira la lumière
Sur sa toile ; l'autre, levant
Son rude marteau sur la pierre,
Y tordra son rêve vivant ;

Celui-ci doit trouver la gamme
Des airs qu'on chantera demain ;
Celui-là cherche l'almagame
D'où naîtra le bonheur humain ;

Tous avec une voix certaine
Escomptent l'avenir douteux ;
La postérité si lointaine
A l'air de marcher devant eux,

Et tous ces inventeurs de pôles,
Tous ces bâtisseurs de Babel,
Pensent porter sur leurs épaules
Ainsi qu'Atlas le poids d'un ciel.

Hélas ! les rêveurs noctambules
À qui l'on jetterait deux sous !
En les voyant enfler leurs bulles
On les prend pour des hommes soûls.

Soûls, en effet, les pauvres diables.
Et plus soûls que vous ne pensez
Car leurs gosiers insatiables
Ont bu des alcools insensés.

Ils ont bu le désir qui trouble,
La foi pour qui tout est quitté,
L'orgueil âpre qui fait voir double,
L'idéal et la liberté.

Ils ont bu, bu à pleines lèvres,
Bu à pleins yeux, bu à pleins cœurs,
Cet alcool qui guérit leurs fièvres :
L'assurance d'être vainqueurs.

Ces bavards, qui semblent des drôles,
Mâcheurs de mots, sculpteurs de bruit,
Ces cabotins jouant leurs rôles
Sur les quais déserts dans la nuit,

Ces loqueteux qui par la fange
Traînent leurs pieds las et raidis,
Et près des tonneaux de vidange
Parlent tout haut du Paradis,

Ces gueux qui d'espoir vain se grisent,
Ces fantoches, ces chiens errants,
Seront peut-être ce qu'ils disent,
Et c'est pour cela qu'ils sont grands.

Qui sait ? ces formes peu vêtues
Qui grelottent au vent d'hiver
Seront peut-être des statues
Immobiles sous le ciel clair.

Et sur les quais, et dans les rues,
Après minuit, avant le jour,
Lorsque les foules disparues
Dorment leur somme épais et lourd,

Leur marbre blanc dans la nuit sombre
Dira leur gloire et votre erreur,
Quand ils se dresseront dans l'ombre
Avec un geste d'empereur.

1883

Arthur Rimbaud (1854-1891)

Derniers vers

Bonheur

Ô saisons, ô châteaux,
Quelle âme est sans défauts ?

Ô saisons, ô châteaux !

J'ai fait la magique étude
Du Bonheur, que nul n'élude.

Ô vive lui, chaque fois
Que chante son coq gaulois.

Mais ! je n'aurai plus d'envie,
Il s'est chargé de ma vie.

Ce Charme ! il prit âme et corps,
Et dispersa tous efforts.

Que comprendre à ma parole ?
Il fait qu'elle fuie et vole !

Ô saisons, ô châteaux !

Et, si le malheur m'entraîne,
Sa disgrâce m'est certaine.

Il faut que son dédain, las !
Me livre au plus prompt trépas !

– Ô Saisons, ô Châteaux !
Quelle âme est sans défauts ?

1872

ÉMILE VERHAEREN (1855-1916)

Les Campagnes hallucinées

CHANSON DE FOU

Je les ai vus, je les ai vus,
Ils passaient, par les sentes,
Avec leurs yeux, comme des fentes,
Et leurs barbes, comme du chanvre.

Deux bras de paille,
Un dos de foin,
Blessés, troués, disjoints,
Ils s'en venaient des loins,
Comme d'une bataille.

Un chapeau mou sur leur oreille,
Un habit vert comme l'oseille ;
Ils étaient deux, ils étaient trois,
J'en ai vu dix, qui revenaient du bois.

L'un d'eux a pris mon âme
Et mon âme comme une cloche
Vibre en sa poche.

L'autre a pris ma peau
– Ne le dites à personne –
Ma peau de vieux tambour
Qui sonne.

Un paysan est survenu
Qui nous piqua dans le sol nu,
Eux tous et moi, vieilles défroques,
Dont les enfants se moquent.

1893

Jules Laforgue (1860-1887)

Complaintes

Complainte des pubertés difficiles

Un éléphant de Jade, œil mi-clos souriant,
Méditait sous la riche éternelle pendule,
Bon boudha d'exilé qui trouve ridicule
Qu'on pleure vers les Nils des couchants d'Orient,
    Quand bave notre crépuscule.

    Mais, sot Éden de Florian,
En un vase de Sèvres où de fins bergers fades
S'offrent des bouquets bleus et des moutons frisés,
Un œillet expirait ses pubères baisers
Sous la trompe sans flair de l'éléphant de Jade

    À ces bergers peints de pommade
Dans ce lait, à ce couple impuissant d'opéra
Transi jusqu'au trépas en la pâte de Sèvres,
Un gros petit dieu Pan venu de Tanagra
Tendait ses bras tout inconscients et ses lèvres.

    Sourd aux vanités de Paris,
    Les lauriers fanés des tentures,
    Les mascarons d'or des lambris,
    Les bouquins aux pâles reliures
    Tournoyaient par la pièce obscure,
    Chantant, sans orgueil, sans mépris :
« Tout est frais dès qu'on veut comprendre la nature. »

Mais lui, cabré devant ces soirs accoutumés,
Où montait la gaîté des enfants de son âge,
Seul au balcon, disait, les yeux brûlés de rages :
« J'ai du génie, enfin : nulle ne veut m'aimer ! »

1885

Paul-Jean Toulet (1867-1920)

Contrerimes

XXIV

Éléphant de Paris.

Ah, Curnonsky, non plus que l'aube,
N'était bien rigolo
Il regardait le fil de l'eau.
C'était avant les Taube.

Et moi j'apercevais – pourtant
Qu'on fût loin de Cythère –
Un objet singulier. Mystère :
C'était un éléphant.

Notre maison étant tout proche,
On le prit avec nous.
Il mettait, pour chercher des sous
Sa trompe dans ma poche.

Hélas, rue-de-Villersexel,
La porte était trop basse.
On a beau dire que tout passe.
Non – ni le riche au Ciel.

1921

Jehan Rictus (1867-1933)

Le Bel Enfant

Comme c'est doux, comme c'est beau
À voir
Le soir
Dans quelque modeste famille
Le « bel enfant » qu'on déshabille
Petit gas ou petite fille
Avant qu'on le mette au dodo
Comme c'est doux, comme c'est beau.

Ce n'est peut-être pas au gré
D'un tas de « fabricants » de vers
Diseurs de rien « cis'leurs » de mots
Bons rimeurs mais piètres poètes
Ce n'est peut-être pas assez
« Esthétique » ! ni « littéraire »
Mais c'est pourtant rudement beau.

« Petit père » ayant tout le jour
Traqué la pièce de cent sous
Dans ce Paris cruel et fourbe
Ou bien peiné sur des dossiers
Sous l'agressive surveillance
D'un « Chef » quinteux et tracassier
Voici, voici sa récompense...

On est à la fin du repas
On fume, on rêve, on boit, on cause

Quand l'Enfant se met à bâiller
(La salle à manger est bien close)
Nous allons le déshabiller
Devant l'Ami, le Familier...

La pudeur ne peut être en cause
(Il est si jeune, n'est-ce pas)...
Puis un bébé nu, c'est si beau.

Donc, la Maman le prend sur elle
(Baisers goulus, tendres querelles)
Et sous le gaz ou l'abat-jour
À mon ravissement immense
L'ineffable labeur commence
Accompagné d'un chant d'amour.

— « Donne tes beaux « iers-iers » mon Ange »
Docile, car ensommeillé
L'Enfant tend ses menus souliers
Et, partis les bas ou chaussettes,
Paraissent les beaux petits pieds !

« Ah ! les petons ! Ah ! les « papattes »
Ronds comm'petites patates
Et gras comme oisillons plumés
(La bouche s'en montre affamée)
Chers petits pieds ; charmants « totos ».
Aussi maman les mord et mange
Comme de bons petits gâteaux.

Puis, au reste de la toilette
Et voilà que les vives mains
Vont, viennent, volent, se propagent
Parcourent l'Enfant en tous sens
Le dépouillent des vêtements
Comme on délivre de ses feuilles
Un gros bouquet de fleurs des champs.

Alors, peu à peu s'en dégage
Le cou portant à sa naissance
Le beau collier d'ambre à gros grains

Vient, la suave épaule blanche
Que suit le beau petit bras rond
Au coude orné de sa fossette
Le beau petit « bra-bras » dodu
Pénible à tirer de la manche.

Là, Mamans, j'admire Vos Mains
Vos Mains, savantes et légères
Lorsque, sans peur de le casser
Comme un bibelot d'étagères
Vous tripotez et pétrissez
Le Petit Animal Humain !

Et m'enivre du doux parler
Que forment vos tendres paroles
Ce « bébaiement » délicieux
Aux diminutifs gracieux
Analogue au babil créole !

Enfin, debout et soutenu
Près de ses mignonnes mamelles
Par les bonnes mains maternelles
Râblé, poli, frais, propre et beau
Voici l'Enfantelet tout nu
Potelé comme un angelot,

Avec ses petits reins cambrés
Les fermes pommes de ses fesses
Ses doux membres cerclés de graisse
Son ventre et son pubis bombés
Comme c'est doux, comme c'est beau.

Et puis, avant qu'Elle lui passe
Sa longue chemise de nuit
Semblable aux Vierges des Églises
Qui présentent « l'Enfant Jésus »
Maman se levant, le ramasse
Et me l'apporte, bras tendus

Me l'apporte, me le confie
Sachant bien, dans sa charité
Que les seuls « enfants » de ma Vie
Sont « Solitude » et « Pauvreté »

Et dit ces mots de bonne grâce :
« Maintenant qu'on est dévêtu
Il faut aller dire : bonsoir
À notre ami « Jehan Rictus ».

Et voilà qu'autour de mon cou
Deux jolis bras d'amour se nouent
Voilà que près de mon oreille
Et dans ma barbe qu'elle effleure
Une bouchette en chair de fleur
Balbutiante de sommeil
Me souffle : « Bonsoir mon « ictus » !

Alors je sens mon vieux cœur fondre
Comme une neige de Printemps
À peine si je peux répondre
À la caresse de l'Enfant,

Et tandis que Maman l'emporte
Dans le nid de laine ou de soie
Je m'en vais pour ne pas qu'on voie
Outre mon trouble et ma pâleur
Qu'un lait tiède et salé, sans doute
Déjà perle en tremblantes gouttes
Au sein gonflé de ma Douleur.

1897

Charles Maurras (1868-1952)

La Musique intérieure

Beauté

Toi qui brille enfoncée au plus tendre du cœur,
Beauté, fer éclatant, ne me sois que douceur
Ou si tu me devais être une chose amère
En aucun temps du moins ne me sois étrangère,
Brûle et consume-moi, mon unique soleil,
Que, ton dur javelot, ton javelot vermeil,
Dardant de jour en jour une plus pure flamme,
Je sois régénéré jusques au fond de l'âme
Et même ma raison folle de te sentir
Ne reconnaisse plus si c'est vivre ou mourir !

1925

Charles Péguy (1873-1914)

Châteaux de Loire

Le long du coteau courbe et des nobles vallées
Les châteaux sont semés comme des reposoirs,
Et dans la majesté des matins et des soirs
La Loire et ses vassaux s'en vont par ces allées.

Cent vingt châteaux lui font une suite courtoise,
Plus nombreux, plus nerveux, plus fins que des palais :
Ils ont nom Valençay, Saint-Aignan et Langeais,
Chenonceaux et Chambord, Azay, le Lude, Amboise.

Et moi, j'en connais un dans les châteaux de Loire
Qui s'élève plus haut que le château de Blois,
Plus haut que la terrasse où les derniers Valois
Regardaient le soleil se coucher dans sa gloire.

La moulure est plus fine et l'arceau plus léger.
La dentelle de pierre est plus dure et plus grave.
La décence et l'honneur et la mort qui s'y grave
Ont inscrit leur histoire au cœur de ce verger.

Et c'est le souvenir qu'a laissé sur ces bords
Une enfant qui menait son cheval vers le fleuve.
Son âme était récente et sa cotte était neuve.
Innocente elle allait vers le plus grand des sorts.

Car celle qui venait du pays tourangeau,
C'était la même enfant qui quelques jours plus tard,
Gouvernant d'un seul mot le rustre ou le soudard,
Descendait devers Meung ou montait vers Jargeau.

1910

Henry J.-M. Levet (1874-1906)

Cartes postales

République argentine – La Plata

À Rubén Darío.

Ni les attraits des plus aimables Argentines,
Ni les courses à cheval dans la pampa,
N'ont le pouvoir de distraire de son spleen
Le Consul général de France à la Plata !

On raconte tout bas l'histoire du pauvre homme :
Sa vie fut traversée d'un fatal amour,
Et il prit la funeste manie de l'opium ;
Il occupait alors le poste à Singapoore...

— Il aime à galoper par nos plaines amères,
Il jalouse la vie sauvage du gaucho,
Puis il retourne vers son palais consulaire,
Et sa tristesse le drape comme un poncho...

Il ne s'aperçoit pas, je n'en suis que trop sûre,
Que Lolita Valdez le regarde en souriant,
Malgré sa tempe qui grisonne, et sa figure
Ravagée par les fièvres d'Extrême-Orient...

1902

Guillaume Apollinaire (1880-1918)

Alcools

L'Adieu

J'ai cueilli ce brin de bruyère
L'automne est morte souviens-t'en
Nous ne nous verrons plus sur terre
Odeur du temps brin de bruyère
Et souviens-toi que je t'attends

1913

Jean-Marc Bernard (1881-1915)

Premiers poèmes

Le Retour de Don Quichotte

Te voici de retour dans l'ancienne maison
Que tu quittas un jour pour suivre la Chimère.
Par la croisée, il vient comme une odeur amère
De buis et de lauriers, flétris par la saison ;

Car déjà c'est l'automne, ô rêveur qui t'enivres
Du rêve d'autrefois que tu n'as pas vécu.
Hélas ! tes vigilants ennemis t'ont vaincu
Et, pour te châtier, ils ont brûlé tes livres !

Pâlement incliné sur de pourpres coussins,
Tu fixes de tes yeux la déserte étagère
Où tes livres, jadis, offraient leur mensongère
Et douce rêverie au désir de tes mains.

Tu souris tristement, et ta face pâlie
Se crispe, et tu maudis les gardiens trop prudents,
Qui, pour calmer ta fièvre et tes songes ardents,
Ont détruit, sans pitié, ce qui faisait ta vie.

Las de heurter toujours les ailes des moulins
Et comprenant que tu devais vivre en toi-même,
Chez toi, tu retournais avec l'espoir suprême
D'oublier à jamais le leurre des chemins.

Mais rien de ta jeunesse aujourd'hui ne demeure ;
Tu ne la trouves plus dans ce logis quitté,
Où la vie est pour toi, désormais, sans beauté.

Tourne-toi du côté de la muraille...
Et pleure !

1910

Catherine Pozzi (1882-1934)

Poèmes retrouvés

Le Lotus

Sur le lac pâle inondé de lueurs,
Sur le lac triste où l'eau froide frissonne,
Bien loin des bords où le chant monotone
Des grillons noirs, égrène sa douceur,

Seul et divin, planant sur l'eau dormante,
Éblouissant, pur, et mystérieux,
Un lotus blanc, magique, radieux,
Étale au ciel brumeux sa splendeur languissante.

Tu t'ouvriras peut-être ainsi, une nuit sombre,
Ô Fleur de mon amour suprême et désolé !
Et tu endormiras mon cœur désespéré
Dans un rêve alangui de volupté et d'ombre.

Francis Carco (1886-1958)

La Bohème est dans mon cœur

Il pleut

À Éliane.

Il pleut – c'est merveilleux. Je t'aime.
Nous resterons à la maison :
Rien ne nous plaît plus que nous-mêmes
Par ce temps d'arrière-saison.

Il pleut. Les taxis vont et viennent.
On voit rouler les autobus
Et les remorqueurs sur la Seine
Font un bruit... qu'on ne s'entend plus !

C'est merveilleux : il pleut. J'écoute
La pluie dont le crépitement
Heurte la vitre goutte à goutte...
Et tu me souris tendrement.

Je t'aime. Oh ! ce bruit d'eau qui pleure,
Qui sanglote comme un adieu.
Tu vas me quitter tout à l'heure :
On dirait qu'il pleut dans tes yeux.

Tristan Derème (1889-1941)

La Verdure dorée

XLVII

Girouette, tu peux crier sur les ardoises,
Grincer comme une dent sur d'acides framboises !
Hiver, tu peux lancer aux vitres tes grêlons
Qui bourdonnent comme une averse de frelons,
Qu'importe ! Hiver, brandis tes trompettes de cuivre
Et déchaîne tes chiens sur la route de givre
Et les chevaux des ouragans ! Je m'en bats l'œil !
Je m'en bats l'œil ! Je lis des vers dans mon fauteuil !
Beauté des jours ! Beauté des livres et des lèvres !
À mon coupé, j'attellerai cent douze lièvres,
Sous l'azur plus vibrant qu'une aile de perdrix,
Et j'irai vers les bois que mon rêve a fleuris !

1922

Table des matières

Librio

530

Composition PCA – 44400 Rezé
Achevé d'imprimer en Europe
à Pössneck (Thuringe, Allemagne)
en juin 2002 pour le compte de E.J.L.
84, rue de Grenelle 75007 Paris
Dépôt légal juin 2002

Diffusion France et étranger : Flammarion